JACK MOUYON

Choisir

Choisir la vie

Éditions BARNABAS

Éditions BARNABAS
19 avenue Georges Landry
14430 DOZULÉ France

ISBN 2-908582-20-1
Dépôt légal 1er trimestre 1998

Couverture, mise en page et impression : **A•E•S**, Rue de Maubeuge, F-59164 MARPENT

Préface

C'est avec joie et reconnaissance que j'ai accepté de préfacer le premier livre de Jack Mouyon, édité par les Éditions Barnabas.

Ne trouvez-vous pas que la vie est souvent un grand carrefour de questions ? Sommes-nous capables de choisir ? Comment le faire ? Quels en sont les risques et les conséquences ? Votre échelle de valeurs est-elle exacte ?

Nos décisions nous ont parfois conduits à des impasses. Elles nous ont aussi éloignés du but que nous nous étions fixé. Nos choix se soldent en réussite, quelques fois en catastrophe. Dans certains cas, ils se révèlent définitifs, dans d'autres ils n'entraînent que peu de conséquences.

Mais quelle est la source de nos choix ?

Vivant moi-même dans ce flot d'interrogations, j'ai lu ce livre avec un intérêt particulier. La lecture est aisée, le sens profond appelle à la réflexion, à la méditation. J'aimerais tout simplement vous encourager à lire ce livre à la lumière de la Bible.

Vous êtes jeune, ce livre vous aidera à orienter votre vie dans une bonne perspective, et peut-être à faire le "Pas de la Foi".

Vous êtes comme moi, dans la maturité de l'âge, il vous conduira à faire le point et à vous poser la question : "Ai-je pris la bonne direction pour ma vie ?"

Je vous invite, avec Jack Mouyon, à la lecture de ce livre et à "Choisir la vie". Je vous l'assure, vous ne le regretterez pas.

Mme Christiane HUANG
Membre du Conseil d'Administration de France Évangélisation et du Comité National de la Fédération Évangélique de France

INTRODUCTION

La scène se passe à la mairie. C'est le mariage de Nicolas et Marie. Les deux familles au grand complet sont là, réunies autour des futurs époux. C'est le moment solennel. Monsieur le maire vient de recueillir le oui du futur époux et se tournant vers la mariée il lui pose la même question : "Mademoiselle Marie X, voulez-vous prendre pour époux Monsieur Nicolas Y ici présent ? Répondez." Avec la spontanéité et la naïveté qui la caractérisent, Marie répond : "Monsieur le maire, vous êtes bien la première personne qui me demande mon avis !"

De toute évidence, Marie ne semble pas avoir eu le choix de son conjoint. Elle paraît toute surprise qu'on lui pose cette question. Et pourtant, s'il y a un domaine où chacun désire préserver son choix, c'est bien celui-là : le mariage !

Notre vie est sans cesse confrontée à des choix. Nous devons sans cesse choisir, et par conséquent établir des priorités. Notre vie est orientée que nous en soyons conscients ou non, par nos différents choix successifs. Ce que nous sommes, ce que nous vivons, ce que nous possédons est le résultat d'une somme de choix effectués tout au long des années. Il s'agit donc, bien évidemment, et c'est crucial, en toutes choses de faire **"le bon choix"**. Au fil des années, nos critères peuvent changer et par voie de conséquence, nos choix changent également. Dans certains domaines c'est relativement facile de le faire, dans d'autres c'est plus difficile voire même impossible. Un mauvais choix peut laisser des traces profondes, indestructibles dans notre cœur. Il nous arrive parfois d'accuser les autres de telles ou telles choses alors qu'elles ne sont que la conséquence de notre, ou de nos choix.

CHAPITRE 1

Le fait de choisir est un privilège

Avec une pointe d'amertume il nous arrive de déclarer : **"Je n'avais pas le choix."** Les circonstances, un enchaînement de faits qui échappaient à notre contrôle nous ont amenés à faire telle ou telle chose.

Par définition, choisir c'est adopter quelque chose ou quelqu'un par préférence, sélectionner, élire. Choisir est le privilège de l'homme libre. L'esclave ne choisissait pas, il subissait le choix de son maître et était tenu, obligé de l'honorer. L'avis de l'esclave ne comptait pas, il n'était même pas invité à le donner. L'évangile de Matthieu au chapitre 8 à partir du verset 5 nous fournit une illustration de cette soumission, en nous rapportant la rencontre de Jésus à Capernaüm avec un centenier romain qui le prie de venir guérir son serviteur atteint de paralysie. Ne s'estimant pas digne de recevoir Jésus sous son toit, il lui demande de dire simplement un mot, avec pour justifier sa demande, cet argument : *"J'ai des soldats sous mes ordres, et je dis à l'un : Va ! et il va ; à l'autre : Viens ! et il vient ; et à mon serviteur : Fais cela ! et il le fait."*

Savez-vous que Dieu a créé l'homme libre, libre de ses choix, libre de l'orientation de sa vie. En êtes-vous conscient ? Dans le jardin d'Éden, l'arbre de la connaissance du bien et du mal ainsi que celui de la vie étaient là pour que l'homme puisse exercer son choix : son **"libre choix"**.

Certains peuvent se demander pourquoi Dieu avait-il donné cette possibilité à l'homme ? Ils pensent que ce n'était pas une bonne chose et que tout aurait été plus simple s'il n'en avait pas été ainsi. Dieu, savait-il quel choix l'homme et la femme feraient ?

S'il en avait été autrement, n'y aurait-il pas aujourd'hui des personnes pour lui reprocher de ne pas leur avoir donné la liberté, le choix ?

Dieu a créé l'homme libre l'avertissant simplement des conséquences inévitables de son choix. Dieu n'a jamais rien imposé aux hommes. Il désirait que l'homme réponde à son amour par son amour. L'amour sous entend tout naturellement le choix de l'être aimé. C'est devant ce choix que le cœur s'accélère, que les joues se colorent.

Le choix, c'est le mode par lequel le sujet élit une personne sur laquelle se porte son amour (*Dictionnaire Encyclopédique Larousse-Sélection*, 1988).

Dieu ne nous a pas créés marionnettes ou robots sans volonté, ni personnalité, ni âme. Dieu a agi ainsi par amour pour chacun de nous, ses créatures.

Choisir : une source d'orgueil ?

C'est formidable de pouvoir choisir, en sommes-nous toujours conscients ? Nous venons de dire que c'était un réel privilège, la caractéristique de l'homme libre. Privilège de pouvoir mener sa vie à sa guise, d'aller à droite ou à gauche, de dire oui ou de dire non, mais attention à ce que ce privilège ne devienne pas pour nous une occasion de chute. Nous ne devons pas oublier que l'homme a utilisé pour la première fois cette possibilité de choix pour désobéir à la volonté de Dieu. Il a utilisé sa liberté pour écouter la voix du serpent (le diable). Il a ainsi choisi de désobéir à Dieu.

"Elle prit de son fruit, et en mangea ; elle en donna aussi à son mari, qui était auprès d'elle, et il en mangea" (Genèse 3 : 6[1]).

Choisir a quelque chose de gratifiant, d'exaltant. Par cet acte, nous pouvons éviter la contrainte et en profiter pour affirmer notre liberté, notre indépendance, notre volonté. Nous pouvons faire connaître nos ambitions. Nous pouvons également notifier notre opposition. Est-ce que nos enfants ne choisissent pas parfois de faire le contraire de ce que nous leur demandons pour affirmer

[1] Expression raccourcie de "Livre de la Genèse, au chapitre 3, verset 6". Pour des raisons de commodité, vous trouverez la majorité des références bibliques écrites sous cette forme.

leur personnalité ? Quel est le mot qu'ils apprennent en premier ? Ne serait-ce pas "Non" ? Nos choix ne sont tout de même pas toujours mauvais, contrairement à ce qu'affirmait en matière d'amour Marcel PROUST (*À la recherche du temps perdu*) : **"On a tort de parler en amour de mauvais choix, puisque dès qu'il y a choix, il ne peut être que mauvais."**

CHAPITRE 2

L'homme ne peut pas choisir les conséquences de ses choix

On dit couramment qu'"**il n'est pas possible d'avoir le beurre et l'argent du beurre**". Il faut choisir l'un ou l'autre. Choisir l'un, exclu et élimine automatiquement l'autre par voie de conséquence directe. C'est à la fois le but recherché mais également un inconvénient dans certaines situations.

Choisir, c'est marquer sa préférence et dans certains domaines particuliers où s'exerce un choix, c'est sélectionner, élire, se déterminer.

Imaginons que l'on pose devant vous deux verres dûment étiquetés : "Poison" sur l'un et "Eau minérale" sur l'autre. Vous avez le choix. Vous pouvez choisir de boire le verre de poison ou bien le verre d'eau minérale. Lorsque vous aurez choisi, lorsque vous aurez bu l'un ou l'autre, il sera trop tard pour faire un deuxième choix. Vous aurez immanquablement les conséquences de votre choix. Vous serez lié à votre choix, vous en serez désormais esclave. Soit vous serez désaltéré par l'eau minérale, soit entraîné vers la mort par le poison. Vous ne pourrez plus échapper à votre choix. Vous ne pouvez pas boire le verre de poison et prétendre aux conséquences du verre d'eau. Le résultat de votre choix, dans ce cas, sera logiquement la mort par empoisonnement. Ce sera votre choix, vous ne pourrez accuser personne d'autre de vous avoir trompé ni conduit à la mort. Dans le domaine spirituel il en est de même. Dieu vous accordera exactement ce que vous aurez toujours souhaité, choisi. Nous pouvons ainsi résumer le texte de Deutéronome au chapitre 30 verset 15 : "Choisir le bien, c'est choisir la vie. Choisir le mal, c'est choisir la mort."

Dieu, dans sa grâce et son amour pour l'homme, l'avertit des conséquences de son choix. À l'opposé, Satan n'a rien révélé des conséquences du geste qu'il suggérait à l'homme et à la femme. *"Vous serez comme des dieux"* (Genèse 3 : 5). Qu'en pensez-vous ? Pensez-vous que c'est là aujourd'hui notre condition ? Est-ce que nous pouvons qualifier la vie que nous menons de "divine" ?

Satan a séduit l'homme et la femme par le mensonge. Il a détruit la communion qui existait entre la créature et son Créateur.

La **"Bonne Nouvelle"**, c'est que Dieu ne s'est pas départi de son amour pour chacun de nous. Malgré le péché, l'homme n'a pas perdu ce privilège du choix. Nous demeurons des êtres libres. Nous pouvons encore conduire notre vie comme nous le désirons.

Dieu ne cesse de nous faire de nouvelles propositions. Il nous invite à nous détourner du mal pour revenir à lui. Voici quelques exemples tirés de la Bible, la Parole de Dieu : *"Voici, je mets aujourd'hui devant toi la vie et le bien, la mort et le mal. Car je te prescris aujourd'hui d'aimer l'Éternel, ton Dieu, de marcher dans ses voies, et d'observer ses commandements, ses lois et ses ordonnances, afin que tu vives et que tu multiplies, et que l'Éternel, ton Dieu, te bénisse dans le pays dont tu vas entrer en possession, MAIS si ton cœur se détourne, et si tu n'obéis point, et si tu te laisses entraîner à te prosterner devant d'autres dieux et à les servir, je vous déclare que vous périrez, que vous ne prolongerez point vos jours dans le pays dont vous allez entrer en possession, après avoir passé le Jourdain... Choisis la vie afin que tu vives..."* (Deutéronome 30 : 15-19).

"Jeune homme, réjouis-toi dans ta jeunesse, livre ton cœur à la joie pendant les jours de ta jeunesse, marche dans les voies de ton cœur et selon les regards de tes yeux ; MAIS sache que pour tout cela Dieu t'appellera en jugement" (Ecclésiaste 12 : 1).

CHAPITRE 3

Sommes-nous capables de choisir?

Sommes-nous capables de faire les bons choix?

Comment choisir ?

Lorsque nous partons en vacances d'été, ou pour tout autre voyage, avant le départ nous faisons notre valise, ou plus exactement, pour les hommes mariés, c'est mon cas, notre femme fait les valises. La grande question est toujours la même : Que faut-il emporter ? Devons-nous prendre des vêtements d'été uniquement, prévoir des gilets, des vêtements chauds si le temps se rafraîchit, ou pour la pluie ? Qui sait ? Des questions dont nous ne possédons pas la réponse. **"Qui devine gagne !"** dit-on. Comment savoir puisque même la météo se trompe parfois. Nos choix peuvent se révéler judicieux comme catastrophiques.

Il est des domaines où se tromper n'est pas très grave et ne porte pas à conséquences, mais il en est d'autres où il est vital (qui appartient à la vie) de ne pas se tromper. Nous pouvons être certains que notre choix est le bon, nous pouvons le croire le plus sincèrement du monde, tout en étant dans l'erreur. On peut se tromper avec la plus parfaite sincérité. Ne vous est-il jamais arrivé d'avoir pris une mauvaise direction, de partir dans le sens opposé tout en soutenant fermement à ceux qui vous disaient le contraire que c'était la bonne route ?

"Telle voie paraît droite à un homme, mais son issue, c'est la voie de la mort" (Proverbes 14 : 12 ; 16 : 25).

Nos jugements, nos appréciations sont du domaine subjectif (se dit de ce qui est individuel et susceptible de varier en fonction de la personnalité de chacun – une interprétation subjective) et non du domaine objectif (qui ne fait pas intervenir d'éléments affectifs ou personnels dans ses jugements – impartial).

La Tentation

"Je peux résister à tout, sauf à la tentation." Cette remarque pleine d'humour d'Oscar WILDE nous fait très certainement sourire. Elle est sans doute le fruit du constat de sa propre vie, mais en est-il ainsi seulement pour lui ?

La "Tentation" fait partie de notre vie de tous les jours, elle est de nature humaine selon ce que déclare l'apôtre Paul aux Corinthiens : *"Les tentations, qui vous ont assaillis jusqu'ici sont communes à tous les hommes"* (1 Corinthiens 10 : 13, version de M. Alfred KUEN). Quand on est devant un choix, il est évident que dans la plupart des cas, l'une des parties nous plaît davantage, nous attire beaucoup plus, nous convient mieux par rapport à l'autre car elle présente beaucoup plus d'attraits, convient mieux à ce que nous aimons ou souhaitons. Il faut tout de même choisir.

L'expression **"succomber à la tentation"** (ne pas résister, céder à) exprime bien l'idée que le choix que nous allons faire relèvera bien souvent beaucoup plus de nos sentiments, de nos désirs que du fruit d'une longue réflexion objective sur la situation, ou tout simplement de notre "besoin" particulier. "Succomber" peut laisser facilement supposer que nous avons cédé à une impulsion, à un sentiment très fort en nous, à l'un de nos points faibles, ce qui n'a rien à voir avec la raison pure et simple. **"Le cœur a ses raisons que la raison ne connaît pas"** (*Pensées*, Blaise PASCAL, Brunschweig). C'est dans un second temps que nous réaliserons par ses conséquences le bien fondé ou non de notre choix, et si ce n'était pas le meilleur il est, parfois, malheureusement trop tard pour revenir en arrière. **"La raison est un merveilleux instrument qui ne sert qu'après coup. Un criminel tue : son avocat raisonne"** (*Derrière les barreaux*, Maurice SACHS).

Si j'avais su !

MOLIÈRE a écrit dans *Le Tartuffe*, scène III, acte II : **"Vous êtes donc bien tendre à la tentation, et la chair sur vos sens fait grande impression."** Dieu pourra dire, alors dire à l'un ou l'autre d'entre-nous comme au roi Asa : *"Tu as agi en insensé dans cette affaire"* (2 Chroniques 16:9).

La résistance à la tentation nous paraît donc bien souvent, pour ne pas dire toujours, au-dessus de nos forces. Nous avançons toujours cet argument comme excuse de ne pas avoir pu, ou pas voulu, y résister. Lorsque l'apôtre Paul affirme, comme nous l'avons écrit précédemment, que ces tentations sont les mêmes pour tous les hommes, il s'empresse de préciser que : "*... aucune n'a dépassé les forces humaines. D'ailleurs, Dieu est fidèle et Il ne souffrira pas non plus à l'avenir que l'épreuve dépasse vos forces. Au moment de la tentation, il vous donnera la force d'y résister et il préparera une issue pour que vous en sortiez vainqueurs*" (1 Corinthiens 10 : 13).

Alors pourquoi est-ce toujours aussi difficile ?

La Séduction

Nous pouvons parler ici de "la Séduction" qui est l'art de rendre une chose irrésistible, de faire agir quelqu'un contre sa volonté, à qui ou à quoi on ne peut résister. C'est l'action de charmer, de corrompre, d'entraîner. Les synonymes sont : ensorceler, fasciner, appâter, enjôler, entortiller. N'est-ce pas un peu le problème qui est sous-entendu par l'apôtre Paul, lorsqu'il confesse dans sa lettre aux Romains au chapitre 7 à partir du verset 15 : "*Vraiment, je ne me comprends pas moi-même : mon comportement me désoriente et je ne reconnais pas mes propres actes : ma façon d'agir me paraît étrangère à moi-même. Je fais, non ce que ma volonté a décidé, mais ce que je déteste et que mon sens moral réprouve*" (traduction de M. Alfred KUEN).

Je me souviens qu'un soir, alors que je partais pour me rendre à une réunion, un représentant de commerce a sonné à la porte de mes parents pour leur proposer d'acheter un aspirateur. Avant de partir, j'ai eu le temps d'entendre mon père et ma mère, lui dire très poliment qu'ils n'avaient absolument pas besoin d'un tel appareil ménager, qu'ils n'en avaient aucune utilité. Revenant plus de deux heures après, le représentant était toujours là, attablé, en train de rédiger un bon de commande pour l'aspirateur avec tous les accessoires, dont mes parents ne se sont jamais servis et que je possède encore, comme témoignage de sa qualité professionnelle. Il avait su trouver les mots et les arguments convaincants. Il avait réussi à séduire mon père et ma mère, à leur faire acheter un aspirateur dont ils n'avaient absolument pas besoin, et qui est resté dans un placard jusqu'à ce jour. Aujourd'hui il est simplement démodé, dépassé.

La Bible nous fournit plusieurs exemples dans ce domaine de la séduction :

- Samson séduit par Dalila (Juges 16) ;
- David séduit par la beauté de Bath-Schéba (2 Samuel 11 : 2) ;
- Hérode séduit par la fille d'Hérodias (Marc 6 : 14).

À ce stade de la lecture, vous pensez peut-être : "Cela ne m'arrivera pas."

Avertissement : *"Que celui, qui se croit debout prenne garde de tomber"* (1 Corinthiens 10 : 12). Jésus a averti ses disciples en ces termes : *"Prenez garde que personne ne vous séduise"* (Matthieu 24:4).

La séduction amplifie la tentation. La séduction effrite, use notre résistance. La séduction a dans son carquois beaucoup de flèches qui nous atteignent.

Satan attend le moment favorable, et croyez qu'il viendra : *"Après l'avoir tenté de toutes ces manières (Jésus), le diable s'éloigna de lui jusqu'à un moment favorable"* (Luc 4:13).

On parle de la tentation, de la séduction. C'est le rôle de Satan de nous tenter, nous inciter à faire le mal, nous faire commettre une faute, nous détourner du bien, en éveillant notre envie, notre désir, en nous poussant à agir contrairement à la volonté de Dieu pour nous. La séduction est l'arme quasi infaillible entre les mains de l'ennemi de nos âmes pour nous attirer dans ses filets.

La tentation, aidée de la séduction, travaille en étroite collaboration avec le mensonge, l'hypocrisie. Elles essaient d'annihiler notre volonté, notre capacité d'évaluation des situations. Elles peuvent nous tromper au point de nous faire agir d'une manière contraire au bon sens, à notre propre bien, ainsi qu'à notre volonté.

Contrairement à Satan qui agit donc par séduction, tromperie, notre Dieu qui est LA VÉRITÉ, nous parle avec vérité : *"En vérité, en vérité je vous le dis..."* (Jean 10:7). Il respecte la liberté de l'homme : *"Dieu ne tente personne"* (Jacques 1:13), ni n'essaie de nous séduire. Il fait appel à notre volonté, à notre capacité de jugement. Il nous met simplement devant des choix, à nous de juger et de choisir : *"Voici, je mets aujourd'hui devant toi la vie et le bien, la mort et le mal, car je te prescris aujourd'hui d'aimer l'Éternel ton Dieu, de marcher dans ses voies, et d'observer ses commandements, ses lois et ses ordonnances, afin que tu vives et que tu multiplies, et que l'Éternel te bénisse dans le pays dont tu vas entrer en possession. Mais si ton cœur se détourne, si tu n'obéis point, et si tu te laisses entraîner à te prosterner devant d'autres dieux et à les servir, je vous déclare aujourd'hui que vous périrez, que vous ne prolongerez point vos jours dans le pays dont vous allez entrer en possession, après avoir passé le Jourdain... Choisis la vie afin que tu vives..."* (Deutéronome 30 : 15-19).

Dieu se contente de faire une proposition. À cet égard, il est intéressant de noter l'attitude de Jésus face au jeune homme riche qui vient vers lui avec cette question : *"Bon Maître, lui demanda-t-il, que dois-je faire pour hériter la vie éternelle ?"* Jésus répond à sa question : *"Il te manque une chose ; va, vends tout ce que tu as, donne-le aux pauvres, et tu auras un trésor dans le ciel. Puis viens et suis-moi. Mais affligé de cette parole, cet homme s'en alla tout triste ; car il avait de grands biens"* (Marc 10 : 21 et 22). Jésus ne retient pas cet homme de force, il n'insiste pas. Il le laisse libre de partir, même *"tout triste"*.

Dieu prend soin de décrire les avantages de l'obéissance et les inconvénients de la désobéissance mais à aucun moment il n'exerce une pression sur le peuple et le trompe en essayant de le séduire.

Un autre exemple, aussi explicite, est celui du récit de la chute.

Premier acte

Dieu édicte une loi, sa loi. Il fait connaître à Adam et Ève ce qu'il désire pour eux. Les règles étant établies, Dieu laisse l'homme et la femme libres dans le jardin d'Éden. Il leur fait confiance. Dieu leur rend visite le soir (Genèse 3 : 8).

Le serpent, présenté comme l'animal le plus rusé de la création, s'adresse à l'homme et à la femme. En déformant les propos de Dieu, il désire les entraîner dans sa chute et introduit le doute dans leur cœur : *"Dieu a-t-il réellement dit ?"* Dieu en effet n'a jamais dit ce qu'il rapporte, il a simplement dit le contraire.

DIEU : *"Dieu donna cet ordre à l'homme : Tu pourras manger de tous les arbres du jardin ; mais tu ne mangeras pas de l'arbre de la connaissance du bien et du mal, car le jour où tu en mangeras, tu mourras"* (Genèse 2 : 16).

SATAN : *"Satan dit à la femme : Dieu a-t-il réellement dit : vous ne mangerez pas de tous les arbres du jardin ?"* (Genèse 3 : 1).

Deuxième acte

Satan fait Dieu menteur et par la même démarche atténue les paroles prononcées par Dieu en matière de jugement. *“Vous ne mourrez point ; mais Dieu sait que, le jour où vous en mangerez, vos yeux s’ouvriront, et que vous serez comme des dieux, connaissant le bien et le mal”* (Genèse 3 : 4-5).

Si Satan s’était contenté de proposer une autre alternative à la volonté de Dieu, s’il avait simplement invité Adam et Ève à manger de l’arbre de la connaissance du bien et du mal, Il aurait laissé l’homme et la femme libres de leur choix, et sans doute auraient-ils persisté dans leur obéissance à l’ordre de Dieu leur Créateur. Mais il a utilisé, une fois encore, la tromperie, la dissimulation, le mensonge.

Lorsque Satan aura la prétention de tenter Jésus, le Fils de Dieu, il utilisera à sa manière, une fois encore, la Parole de Dieu. Face au Fils de Dieu, il échouera et se retirera en attendant un moment plus favorable (Luc 4 : 13).

Ne nous laissons pas entraîner loin de la volonté de Dieu, loin de ses commandements, et parfois loin de notre propre volonté sous le charme d’une séduction quelconque. N’oublions pas tous les noms peu flatteurs de Satan que nous trouvons dans la Bible : Satan (Marc 4 : 15), le serpent (Genèse 3 : 1), le Diable (Matthieu 4 : 1), le tentateur (Matthieu 4 : 3), l’accusateur (Apocalypse 12 : 10), le prince de ce monde (Jean 12 : 31), le père du mensonge (Jean 8 : 44), le malin (Matthieu 13 : 28), le dieu de ce siècle (2 Corinthiens 4 : 4), le dragon (Apocalypse 12 : 9), le destructeur (Apocalypse 9 : 11), Béelzébul, prince des démons (Matthieu 12 : 24), Bélial (2 Corinthiens 6 : 15), le meurtrier (Jean 8:44), le prince de la puissance de l'air (Éphésiens 2:2), le séducteur (Apocalypse 12:9).

Comme Jésus, nous sommes invités à mettre l'ennemi en déroute, à lui résister, à déjouer ses plans qui nous conduisent à faire un mauvais choix.

Question : pensez-vous que, conformément à la promesse faite à Adam et Ève par le serpent d'être comme des dieux, ceux-ci connurent une vie divine après lui avoir obéi (Genèse 3:5) ?

CHAPITRE 4

Comment faisons-nous nos choix?

Comment établissons-nous nos priorités[2]?

Mark TWAIN aurait dit qu'"**on peut savoir si une chose qu'on a faite est moralement bonne quand on se – sent bien après. Mais quand on se – sent mal, elle est moralement mauvaise... Les sentiments ne sont pas fiables pour décider du caractère moral ou immoral d'une conduite"** (*Notre Pain quotidien*, 27 novembre 1996, H. VANDER LUGT).

En général, nous établissons nos priorités en fonction de :

- la valeur que nous donnons aux choses ;
- d'après leur utilité à nos yeux ;
- d'après le prix que nous sommes prêts à payer (*c'est surtout vrai dans le choix d'une toilette pour les dames*) ;

[2] Priorité : fait de passer avant les autres, en raison de son importance, en priorité par rapport à… (*Dictionnaire Encyclopédique Larousse-Sélection*, 1988).

– d'après le but que nous poursuivons, d'après ce que nous désirons faire ;
– d'après l'engagement que nous acceptons ;
– d'après ce que nous imaginons ;
– d'après l'idée que nous avons (que nous nous faisons) de la chose.

Choix raisonné, intéressé, stratégique ? Tous ces éléments peuvent céder le pas à un critère affectif, un coup de cœur ou un élément qui échappe à notre logique humaine. PASCAL a dit : **"Le cœur a ses raisons que la raison ne connaît pas"** (*Pensées*, Brunschweig).

Selon quels critères dirigez-vous votre vie ?

CHAPITRE 5

Notre échelle des valeurs est-elle exacte ?

Pouvons-nous affirmer que nous ne sommes jamais trompés par les apparences, par des raisonnements erronés ? Pouvons-nous dire que nous faisons nos choix en maîtrisant toujours parfaitement les conséquences de ces choix ? Êtes-vous satisfait de votre vie ? Avez-vous toujours fait les bons choix, le meilleur choix pour vous et les vôtres, ou seulement parfois ?

Il est souvent décevant, pour des parents qui ont investi une coquette somme dans un jouet qu'ils ont été heureux d'offrir à leur enfant ou petit enfant, de voir celui-ci jouer seulement, uniquement, ou en priorité avec la boîte ! Pourquoi en est-il ainsi ? Pourquoi l'enfant a-t-il été séduit par l'emballage avant de l'être par le jouet ? Cette boîte est-elle de couleur plus vive ? Lui offre-t-elle la maison dont il rêvait ? D'autres raisons dont nous ne pouvons pas percer le secret ont sans doute germé dans sa petite tête.

"L'homme regarde à ce qui frappe les yeux, mais l'Éternel regarde au cœur" (1 Samuel 16 : 7).

"L'homme regarde à ce qui frappe les yeux..." : cette constatation peut nous amener parfois à vouloir utiliser cette évidence afin de tromper notre interlocuteur, pour **"lui en mettre plein la vue"** dirait-on familièrement. N'est-ce pas, en définitive, la technique de certaines publicités ?

Une question mérite sans aucun doute réflexion : notre échelle des valeurs (ou appréciation), est-elle toujours exacte, juste, conforme à la vérité ? Nous conduit-elle à faire toujours le bon choix ?

Prenons deux exemples que nous tirerons de la Bible : *"Ève vit que l'arbre était bon à manger et agréable à la vue, et qu'il était précieux pour ouvrir l'intelligence ; elle prit de son fruit, et en mangea ; elle en donna aussi à son mari, qui était auprès d'elle, et il en mangea"* (Genèse 3 : 6). Est-ce qu'en réalité ils ont fait "le bon choix" en faisant confiance au serpent plutôt qu'à Dieu ?

Un autre exemple tout aussi significatif : Abraham et son neveu Lot ne pouvaient demeurer ensemble car leurs biens étaient trop considérables. Ils décidèrent donc de se séparer. Abraham invita Lot à choisir le pays dans lequel il désirait habiter. *"Lot leva les yeux, et vit la plaine du Jourdain, qui était entièrement arrosée. Avant que l'Éternel eût détruit Sodome et Gomorrhe, c'était jusqu'à Tsoar, comme un jardin de l'Éternel, comme le pays d'Égypte. Lot choisit pour lui toute la plaine du Jourdain, et il avança vers l'Orient. C'est ainsi qu'ils se séparèrent l'un de l'autre. Abraham habita dans le pays de Canaan ; et Lot habita dans les villes de la plaine, et dressa ses tentes jusqu'à Sodome. Les gens de Sodome étaient méchants, et de grands pécheurs devant l'Éternel"* (Genèse 13 : 10-13).

Nous savons que Lot a fait le mauvais choix, trompé par ce qu'il voyait. Plus tard, Dieu détruira Sodome et Gomorrhe (Genèse 19 : 24). La méchanceté de ces villes est même devenue proverbiale (sodomie, sodomiser, sodomite).

Pendant un certain temps, j'ai été directeur d'un internat de garçons et à ce titre il m'a fallu embaucher une cuisinière. La première personne qui se présenta ne suscita pas en moi un grand enthousiasme. Ne voulant pas **"juger sur la mine"**, j'ai décidé en accord avec ma femme de la prendre à notre service, de tenter l'expérience. Nous n'avons jamais eu à le regretter, car elle se révéla être véritablement la personne qu'il nous fallait et ceci dans tous les domaines.

Lorsque nous sommes amenés à faire des choix, nous n'en connaissons jamais, ou presque, les conséquences. Nous aimerions souvent avoir plus de données, de renseignements, être plus vieux de quelques heures, jours, semaines, pour savoir…

Nous avons dit et écrit que nous sommes guidés par des motifs humains, que nous sommes parfois trompés par nos sentiments, nos préoccupations du moment. Si nous sommes conscients de ces choses, ne devrions-nous pas profiter au maximum des conseils des autres ? Avons-nous assez d'humilité pour le faire ? Est-ce qu'en définitive nos choix ne correspondent pas à ce que nous voulons **"contre vents et marées"** ? On raconte l'histoire d'un homme se trouvant à la croisée de chemins et qui, pour connaître sa direction, lançait son bâton en l'air. En retombant, il montrera le bon chemin. Un passant observant ce manège lui posa une question pertinente : "Pourquoi jetez-vous plusieurs fois votre bâton en l'air ? Tout simplement, j'attends qu'il me montre le chemin où je désire aller."

Nous avons un exemple dans la Bible (1 Rois 12 : 6) et suivants, en la personne du roi Roboam qui décide de demander conseil aux vieillards, et ensuite aux jeunes gens car les conseils des premiers ne lui conviennent pas. Peut-on encore dire qu'il a demandé réellement conseil ?

CHAPITRE 6

La source, l'origine de nos choix

Corps, Âme et Esprit

Nos choix se font, s'élaborent en premier lieu dans nos pensées. Celles-ci jouent un rôle aussi fondamental que discret. Nos pensées ont une position stratégique âprement convoitée par le prince de ce monde : Satan. Il essaie de nous injecter des pensées opposées à la volonté de Dieu. Dans le livre du prophète Ésaïe, Dieu déclare à son peuple : *"J'ai tendu mes mains tous les jours vers un peuple rebelle, Qui marche dans une voie mauvaise, Au gré de ses pensées..."* (Ésaïe 65 : 2).

Nos pensées influencent, guident notre comportement général. C'est notre jardin secret dont personne, sauf Dieu, n'a la possibilité de percer l'intimité. Il y a un lien très étroit entre ce que nous pensons, disons et ce que nous faisons. *"Ma pensée n'est pas autre que ce qui sort de ma bouche"* (Psaume 17 : 3).

Nos actes, quels qu'ils soient, se préparent dans nos pensées. **"Acte avec préméditation[3]."**

L'homme est un triptyque qui se compose ainsi : "Corps, âme et Esprit". Nous pouvons donc affirmer que, consciemment ou non, nos choix obéissent à des lois, se font et se défont selon certains principes pour satisfaire l'une ou l'autre de ces trois composantes de notre personnalité. Examinons ces trois possibilités.

Les sentiments[4]

Être sentimental, marcher, agir selon ses sentiments, comme pour les désirs du corps, n'est pas nécessairement mauvais. C'est au moyen des sentiments que l'on ressent ou exprime ses impressions, réactions intérieures profondes. Les sentiments traduisent le degré de notre sensibilité. Une personne sans âme et sans sentiments, incapable d'aimer, pourrait être comparée à du bois sec, sans vie, sans âme. Les sentiments indiquent la profondeur de la vie et de nos relations les uns avec les autres.

Jésus fit preuve de sentiments : *"Voyant la foule, Jésus fut ému de compassion"* (Matthieu 9 : 36). Jésus pleura sur Jérusalem (Luc 41). Devant le tombeau de Lazare, *"Jésus pleura"* (Jean 11 : 35, ce verset est le

---

[3] Préméditation : dessein qui a présidé l'exécution de l'acte. La préméditation transforme le meurtre en assassinat (*Dictionnaire Encyclopédique Larousse-Sélection*, 1988).

[4] Sentiment : disposition à être facilement ému, touché. Sensation, impression (*Dictionnaire Encyclopédique Larousse-Sélection*, 1988).

plus court de la Bible). Mais rien n'est plus fluctuant, changeant, que les sentiments dont la définition est : sensation, sensibilité, conscience plus ou moins claire, connaissance comportant des éléments affectifs, intuitifs. On dit généralement qu'une personne dominée par ses sentiments est "lunatique". En effet, si les sentiments varient d'une personne à l'autre, ils varient également chez une même personne d'un moment à l'autre suivant les circonstances, les joies ou les peines, les moments de la journée. Ils sont aussi bien souvent tributaires de notre état de santé et de bien d'autres choses. **"Il est possible de haïr avec la même force que l'on a aimé."** *"Le jour de l'entrée de Jésus à Jérusalem la foule criait : Hosanna !"* (Matthieu 21 : 9). Trois jours plus tard, cette même foule criait avec la même force : *"Crucifie-le !"* (Matthieu 27 : 22). Entre ces deux événements, que s'est-il passé ? *"Les principaux sacrificateurs et les anciens persuadèrent à la foule de demander Barabbas"* (Matthieu 27 : 20).

Les sentiments se manipulent très facilement. On peut influencer les sentiments d'une tierce personne. On peut la faire changer d'avis sur des points importants. La publicité utilise les sentiments (emploi des enfants, images chocs, images fortes en vue de créer certaines réactions). Quelqu'un a dit que **"le cœur de l'homme est comparable à un violon sur lequel n'importe qui peut jouer à condition de savoir tenir un archet."**

Les promoteurs de sectes le savent bien et ils jouent sur les sentiments. Ils ne prônent aucune contrainte. Il faut se laisser guider par ses pulsions, ses sentiments. Ils évoluent dans un "flou sentimental".

Nos sentiments interviennent obligatoirement dans nos choix, mais nous devons veiller à ce qu'ils ne nous entraînent pas dans de mauvaises directions. Nous devons les laisser être évalués, jugés par la Parole de Dieu. *"La Parole de Dieu... juge les sentiments et les pensées de notre cœur"* (Hébreux 4:12-13).

"La seule norme fiable est la Parole de Dieu, la Bible. Pour obéir aux commandements du Seigneur, nous devons parfois agir contrairement à nos émotions. Pardonner aux autres, par exemple, n'est pas une tendance naturelle" (*Notre pain quotidien*, 27 novembre 1996, H. VANDER LUGT).

Le corps [5]

Au moment de la tentation, Ève découvre que l'arbre de la connaissance du bien et du mal *"était bon à manger et agréable à la vue"* (Genèse 3:6). Après avoir prêté une oreille attentive aux propos de Satan, sa vue entre en jeu. Nos yeux, dit la Bible, sont *"la lampe du corps"* (Matthieu 6:22). C'est par la vue, le regard, que bien souvent s'amorcent les convoitises : *"les convoitises de la chair, les convoitises des yeux et l'orgueil de la vie"* (1 Jean 2:16).

Notre corps éprouve certains désirs charnels que nous devons obligatoirement satisfaire et qui sont tout à fait légitimes, comme manger, boire, dormir, ou encore dans le domaine de la sexualité, de nos relations avec

[5] Corps : partie matérielle de l'être humain, par opposition à l'âme et à l'Esprit.

notre conjoint, dans les liens du mariage (1 Corinthiens 7 : 3-5). Dans ce monde de plus en plus laxiste et permissif, où la conscience n'a plus beaucoup d'influence pour nous conduire sur le "bon chemin", les choix sont de plus en plus difficiles à faire, et certains désirs peuvent nous entraîner vers des abus, des perversions et l'immoralité. L'argument pour les jeunes est parfois qu'**"il faut vivre sa vie : il faut bien que jeunesse se passe"**. Évidemment, mais comment, dans quelles limites et avec quelles conséquences ? *"Jeune homme, réjouis-toi dans ta jeunesse, livre ton cœur à la joie pendant les jours de ta jeunesse, marche dans les voies de ton cœur et selon les regards de tes yeux ; mais sache que pour tout cela Dieu t'appellera en jugement. Bannis de ton cœur le chagrin, et éloigne le mal de ton corps ; car la jeunesse et l'aurore sont vanité. Mais souviens-toi de ton créateur aux jours de ta jeunesse..."* (Ecclésiaste 12 : 1-10).

Pour vous comme pour moi, même si je ne suis plus à classer parmi les jeunes depuis quelques années déjà, il est de plus en plus difficile de résister à la tentation, de choisir la pureté, la fidélité, la moralité, que de sacrifier à la mode ambiante, de vivre selon : *"le train de ce monde"* (Éphésiens 2 : 2).

Quand c'est uniquement la satisfaction du corps qui conduit et oriente nos choix, nous devenons, si nous ne le sommes pas déjà, des esclaves du péché : *"En vérité, en vérité, je vous le dis, leur répliqua Jésus, quiconque se livre au péché est esclave du péché"* (Jean 8 : 34).

Le chapitre 7 du livre des Proverbes renferme une belle parabole sur ce sujet brûlant d'actualité.

Faire un mauvais choix dans ces domaines, entraîne adultères, viols, pédophilie, maladies sexuellement transmissibles, Sida, meurtres, troubles du comportement, dépressions et parfois folie, suicide, dangers que le tentateur se garde bien de révéler au moment du choix. Vous aurez toujours le temps de les découvrir pensez-vous sans doute. **"On n'attrape pas les mouches avec du vinaigre."** "*Vous serez comme des dieux*" (Genèse 3:5) : **quel mensonge !** Satan laisse croire que la satisfaction du corps apporte la satisfaction de l'être tout entier, mensonge ! Certains auteurs de slogans ou de spots publicitaires devraient être poursuivis pour **"non assistance à personne en danger"**.

Vivre selon la chair, privilégier la chair, n'est pas le meilleur choix.

L'Esprit [6]

Jésus est venu sur la terre pour rétablir toutes choses, pour rétablir l'ordre des valeurs. Si nous savions tenir notre corps en bride… "*Si quelqu'un ne bronche point en paroles, c'est un homme parfait, capable de tenir son corps en bride*" (Jacques 3:2), si nous avions en nous les sentiments qui étaient en Jésus-Christ (Philippiens 2:5), nous n'aurions pas besoin de Christ dans notre vie.

[6] Âme et Esprit : ces deux termes sont parfois synonymes dans le langage courant. L'Esprit est immatériel, associé au corps ou détaché de lui (Jean 4:24; Luc 1:47) (Âme – *Nouveau Dictionnaire Biblique*, Éditions Emmaüs, 1992).

Lorsque Dieu créa l'homme et la femme, ceux-ci pouvaient communiquer avec leur Créateur par l'Esprit qui était en eux et qui est encore en nous aujourd'hui. L'apôtre Paul nous invite dans sa lettre (épître) aux Galates à *"marcher selon l'Esprit"* (Galates 5 : 16). Marcher selon l'Esprit, c'est marcher en communion avec Dieu, c'est observer ses commandements, et ceci après avoir accepté Jésus-Christ comme Sauveur et Seigneur de notre vie. Marcher selon l'Esprit c'est désirer plaire à Dieu dans tout ce que nous pensons et faisons. Jésus-Christ, par sa mort expiatoire sur la croix nous a affranchis de la loi du péché. *"La loi de l'Esprit de vie en Jésus-Christ m'a affranchi de la loi du péché et de la mort"* (Romains 8 : 2), et nous a délivrés de la loi de nos sentiments, de notre corps et des désirs illégitimes de notre chair[7]. Un chrétien est donc celui qui ne se laisse plus diriger ni par son corps, ni par ses sentiments, mais dont l'esprit est en relation avec l'Esprit de Dieu. C'est la marque des véritables "enfants de Dieu".

"Ceux qui sont conduits par l'Esprit de Dieu sont fils de Dieu" (Romains 8 : 14).

[7] Chair : nature humaine privée de l'Esprit de Dieu, dominée par les appétits qui asservissent les facultés intellectuelles, les sentiments, la volonté et aussi le corps (Chair – *Nouveau Dictionnaire Biblique*, Éditions Emmaüs, 1992).

CHAPITRE 7

L'incertitude de nos choix

La Bible nous donne un exemple en la matière. Il s'agit de l'expérience faite par une veuve qui habitait Sarepta. Vous trouverez ce récit dans le premier livre des Rois au chapitre 17 versets 8 à 16. Veuillez lire ces versets avant de poursuivre la lecture de ces pages, car dès à présent, nous allons y faire référence très souvent.

Une veuve vivait avec son fils. Une veuve à court de provisions, ayant tout juste de quoi préparer un dernier repas, attendait avec lui la mort.

Face à cette situation, cette veuve ne pensait pas avoir le choix. Humainement, il ne pouvait pas en être autrement. Il en a toujours été ainsi : lorsqu'on ne possède plus de provisions pour préparer les repas, la seule issue aussi logique que tragique est la mort causée par la faim. Pourquoi les choses changeraient-elles ?

Une veuve, subitement mise devant un choix, par l'arrivée de ce prophète de l'Éternel qu'elle ne connaissait sans doute même pas. Quel choix ! Un choix des plus délicats, des plus illogiques qui soit.

D'un côté il y a la **réalité humaine**, tangible, évidente pour tous, contrôlable. Une réalité qui correspond à la logique humaine, à l'expérience, à la tradition, comme nous pouvons tous le savoir et à l'occasion, en apporter les preuves.

Une réalité humaine qui élimine, à nos yeux, toute autre solution possible. La proposition du prophète est en contradiction avec notre logique. L'auteur du livre de l'Ecclésiaste l'affirme ainsi : *"Ce qui a été, c'est ce qui sera, et ce qui s'est fait, c'est ce qui se fera, il n'y a rien de nouveau sous le soleil"* (Ecclésiaste 1 : 9) et *"ce qui est courbé ne peut se redresser, et ce qui manque ne peut être compté"* (Ecclésiaste 1 : 15).

Cette femme ne se réjouit pas de la situation, certainement pas et en particulier pour son fils. Elle est résignée. *"Je ramasse deux morceaux de bois, puis je rentrerai et je préparerai cela pour moi et mon fils ; nous mangerons, après quoi nous mourrons"* (1 Rois 17 : 12-13). Quel bel avenir pour cette pauvre femme et son fils !

Que pouvait-elle penser, conclure de l'intervention de ce prophète ?

- C'est un homme exigeant ou alors il n'a pas bien réalisé quelle était ma situation.

- C'est un rêveur, il n'a pas les pieds sur terre, il n'est pas réaliste du tout.
- Quel droit ce prophète a-t-il sur mes provisions ? Pourquoi le ferais-je passer avant mon fils et moi-même ?

"Les promesses rendent les enfants joyeux", c'est ce qu'on dit. Qu'est-ce que ce prophète peut promettre à cette femme en retour de ses maigres provisions ? Face à l'évidence, RIEN. On dirait aujourd'hui : il voudrait échanger ses maigres provisions contre du vent. Aucune preuve que ce qu'il promet se réalisera, aucune expérience dans ce domaine. Qui prouve quoi ?

Remarque importante : lorsque le prophète aura mangé le gâteau, si le miracle, car c'est bien d'un miracle qu'il s'agit, ne se réalise pas, il sera impossible de revenir en arrière. L'expérience ne fera que précipiter, avancer la mort du fils et de la mère. C'est la réalité contre une promesse.

"Un tiens, vaut mieux que deux tu l'auras." Que va faire cette femme ? A-t-elle le droit d'engager la vie de son fils ? Osera-t-elle tenter l'expérience et, éventuellement, sauver la vie de son fils et la sienne ? Cela ferait un bon feuilleton à suspense, suspense en réalité seulement pour cette veuve qui a vécu cette histoire, instants après instants, sans en connaître à l'avance le dénouement. Elle n'avait aucune connaissance de ce qui allait arriver, au moment où elle ramassait son bois et rencontrait le prophète de l'Éternel. Le dénouement heureux ou malheureux, positif ou négatif allait dépendre de son seul choix. Les jeunes diraient aujourd'hui que c'est un dialogue ou une histoire interactive.

Les propositions de Dieu sont souvent, pour ne pas dire toujours, une folie aux yeux des hommes. Imaginons ou plus exactement, réfléchissons ensembles.

1. – Nous avons fait un plan pour notre vie. Ce plan est selon nos désirs et selon nos possibilités.
   – Nous désirons bien vivre, du moins essayer, en attendant la mort. Ce n'est pas une perspective bien gaie, mais c'est ainsi pour tous et pour chacun.
   – Nous désirons vivre du mieux possible sur cette terre (bien-être, confort ménager, bien manger, bien dormir, travailler, réaliser ses projets, se distraire).
   – Nous pensons ne pouvoir composer qu'avec les éléments humains que nous connaissons, qui sont tangibles, à notre portée : notre travail, notre salaire, “le système D”.
   – Nous avons fait notre choix ! À nos yeux il n'est pas possible qu'il en soit autrement. Il n'en a jamais été autrement.

Malgré toutes ces certitudes, ces assurances, ces évidences, il arrive que nous ne parvenions pas à atteindre le but que nous nous sommes fixé. Les amateurs de courses de chevaux disent : **“Il y a toujours un tocard à l'arrivée”**.

On se pose alors la question : “Pourquoi ?” Nous avons un profond sentiment d'insatisfaction qui nous enlève notre joie, notre enthousiasme, notre sécurité.

2. – L'arrivée du prophète dans l'environnement de cette veuve propose une autre alternative, un autre choix. Il apporte un élément nouveau auquel cette femme n'aurait sans doute jamais pensé, qui ne lui serait jamais venu à l'esprit car il bouleverse les idées reçues.
   – L'intervention du prophète introduit un nouveau choix qui n'a rien de commun avec tout ce que cette veuve avait pu connaître, ou même aurait pu connaître dans l'avenir, un avenir bien bref : “manger et puis mourir.”
   – L'intervention de Dieu dans une vie ne peut proposer que du surnaturel, du divin.
   – Dans le Nouveau Testament, il est possible de constater de pareils changements, ne serait-ce qu'avec les malades que Jésus guérissait au cours de ses déplacements.

Dans un autre domaine, nous disons au sujet de la résurrection : personne n'est revenu pour nous prouver la réalité de l'événement. C'est ce que nous trouvons affirmé en quelque sorte dans l'évangile de Luc au chapitre 16 verset 31 : *“Et Abraham lui dit : s'ils n'écoutent pas Moïse et les prophètes, ils ne se laisseront pas persuader quand même quelqu'un des morts ressusciterait.”*

Comment peut-on croire à une telle promesse de résurrection ? Et pourtant Jésus-Christ est ressuscité et la Bible affirme qu'il est *"les prémices de ceux qui sont morts"* (1 Corinthiens 15 : 20).

Comme du temps de ce prophète, les paroles de Dieu sont-elles peu réalistes, dépassées ? Comment peuvent-elles encore de nos jours, avec toute la science, les découvertes dans bien des domaines, nous faire croire à ces récits qui ressemblent fort à des mythes, des fables ? L'histoire de la veuve de Sarepta, vous qui en connaissez le dénouement, vous pensez que c'est une belle histoire, comme toutes les belles histoires que l'on peut raconter à ses enfants avant qu'ils ne s'endorment. Elle se termine bien, mais qu'a-t-elle de réaliste ? Les héros dans les romans se sortent de toutes les situations, même les plus critiques. Il ne faut pas tuer **"la poule aux œufs d'or[8]"**. Les éliminer compromettrait les épisodes suivants.

Soyons sérieux. Il est vrai que les disciples eux aussi ont eu de la peine à croire à la résurrection, mais devant le tombeau vide, ils n'ont pu que constater leur incrédulité et la victoire de Christ sur la mort. Si du temps de Jésus, ses opposants n'ont pu cacher la résurrection malgré toutes les précautions prises – tombeau scellé, gardes à la porte, mensonge conseillé aux gardes – (Matthieu 27 : 64-66), il est facile aujourd'hui, vingt siècles plus tard de dire avec une malhonnêteté évidente que Christ n'est pas ressuscité.

[8] "La poule aux œufs d'or" : fable de LA FONTAINE.

CHAPITRE 8

Choix pour une vie

1. – Selon nos désirs, nos plans ?
   – Selon notre logique humaine ?
   – Selon notre volonté propre ?

2. – Selon Dieu, sa volonté à notre égard ?

Dieu se contente de nous proposer une autre vie, un autre mode de vie.

Dieu, à l'opposé de Satan, se borne à nous faire une proposition. Il n'impose rien à personne. Il nous laisse entièrement libres de nos choix.

Si nous nous référons à la tentation dans le jardin d'Éden (Genèse 3 : 1), nous constatons que Satan est véritablement le père du mensonge (Jean 8 : 44). Sa question : *"Dieu a-t-il réellement dit : Vous ne mangerez pas de tous les arbres du jardin ?"* est une contrevérité. Il tourne à sa façon la parole de Dieu qui était : *"Tu pourras manger de tous les arbres du jardin ; mais tu ne mangeras pas de l'arbre de la connaissance du bien et du mal"* (Genèse 2:16-17), et il se garde bien de rappeler à l'homme et à la femme l'avertissement de Dieu, la punition liée à la désobéissance : *"car le jour où tu en mangeras, tu mourras."*

Les propos de Dieu, détournés par Satan, introduisent le doute dans le cœur de l'homme et de la femme, influencent leur choix, restreignent leur liberté en quelque sorte.

Aujourd'hui encore, Satan œuvre dans nos pensées, nos cœurs pour nous détourner de Dieu, et influencer notre libre choix. Dans cette tentative, le père du mensonge est souvent aidé de bien des manières, par les médias qui font une large part aux tentations de ce monde. Elles sont bien souvent présentées comme allant de soi, normales et même bénéfiques pour trouver le bonheur sur cette terre. Il est aussi bien aidé, par exemple, par les établissements scolaires qui interdisent en leur sein, et à l'intérieur d'un périmètre de la sortie des lycées et collèges, toute propagande religieuse alors que d'autres propagandes sont diffusées par le biais des programmes scolaires.

Qu'est-ce que Dieu proposait à cette veuve pour son avenir ? Qu'est-ce que Dieu propose à chacun de nous par l'intermédiaire de ce récit ?

Dieu nous propose de le mettre à la première place : **d'abord**. *"Cherchez **d'abord** le royaume et la justice de Dieu..."* Dieu nous propose de récompenser notre confiance *"... et toutes ces choses vous seront données **par-dessus**."* Faisons-lui confiance : *"Ne vous inquiétez donc pas du lendemain..."* Dieu nous propose de prendre en main notre avenir, même au sein de la famine. *"... car le lendemain aura soin de lui-même"* (Matthieu 6:33-34).

Fais-moi **D'ABORD**... je te ferais **ENSUITE**.

Exemples pratiques

Nous savons, par expérience, que les occasions de choix sont aussi nombreuses que variées. Nous savons aussi que certains choix sont plus faciles que d'autres et que leurs conséquences sont aussi plus ou moins importantes.

La Bible, dans sa variété nous donne un certain nombre d'exemples différents les uns des autres.

ABRAHAM propose à son neveu de se séparer de lui, afin qu'il n'y ait pas de dispute entre leurs bergers : *"Tout le pays n'est-il pas devant toi ? Si tu vas à droite, j'irai à gauche. Lot leva les yeux, et vit toute la plaine du Jourdain, qui était entièrement arrosée"* (Genèse 13:9-10). Au moment du choix, Lot pensa certainement réaliser une bonne affaire car tout le lui laissait croire, MAIS *"les gens de Sodome étaient méchants"* (verset 13). Vous connaissez peut-être la fin de l'histoire : la destruction par Dieu de Sodome et Gomorrhe (Genèse 19).

JOSUÉ ne se laisse pas entraîner par le peuple qui délaisse Dieu (la foule n'a pas toujours raison), pour servir des dieux étrangers que servaient leurs pères. Josué leur propose de choisir qui ils veulent servir : *"Moi et ma maison nous servirons l'Éternel"* (Josué 24:15).

Le roi ROBOAM, sollicité par Jéroboam doit choisir un style de gouvernement. À cet effet, il consulte les vieillards et les jeunes. Oubliant la sagesse des personnes âgées, il se rallie aux conseils des jeunes qui coïncident avec ce que finalement, il désire lui-même au fond de son cœur. Encore un très mauvais choix (1 Rois 12:2).

MOÏSE est sans doute le choix le plus surprenant, le moins logique selon notre "logique humaine". L'auteur de l'épître aux Hébreux nous dit au chapitre 11 versets 24 à 26 : *"C'est par la foi que Moïse, devenu grand, refusa d'être appelé fils de la fille de pharaon, aimant mieux être maltraité avec le peuple de Dieu que d'avoir pour un temps la jouissance du péché, regardant l'opprobre de Christ comme une richesse plus grande que les trésors de l'Égypte, car il avait les yeux fixés sur la rémunération."*

Un choix d'autant plus illogique, qu'apparemment personne ne lui demande de choisir. Il est le fils de la fille de pharaon. Personne ne lui conteste ce titre, personne ne lui demande de quitter le palais royal, il n'est nullement assimilé aux esclaves hébreux soumis à un dur régime. De plus, il est évident que Dieu a protégé sa vie par l'intermédiaire de l'astuce de sa maman et de sa sœur. Il pouvait se convaincre du fait que si Dieu l'avait ainsi sorti de ce peuple, aujourd'hui esclave, ce n'était pas pour y retourner de sa propre volonté. N'allait-il pas trahir l'œuvre de Dieu ? Ajoutons que le jour où il a voulu défendre un membre de ce peuple, il a tué le garde égyptien qui le maltraitait. Le jour suivant, voulant séparer deux hébreux qui se querellaient, il s'entendit dire (Exode 2:14) : "*Qui t'a établi chef et juge sur nous ? Penses-tu me tuer, comme tu as tué l'égyptien ?*" Il n'était donc pas très bien vu parmi son peuple. Moïse préféra l'opprobre avec le peuple de Dieu, que la vie douce du palais, par amour pour Dieu. Son choix fut celui de la foi nous dit cette épître, il avait les yeux fixés sur la rémunération divine.

Plus tard, l'apôtre PAUL, après sa rencontre avec Christ sur le chemin de Damas, fit lui aussi un choix apparemment contraire à ses intérêts immédiats. Tout ce qui avait été sa vie, il l'abandonna avec joie pour Dieu. Il dit même : "*Ces choses qui étaient pour moi des gains, je les ai regardées comme une perte, à cause de l'excellence de la connaissance de Jésus-Christ, mon Seigneur*" (Philippiens 3:7-8).

On raconte l'histoire d'un paysan qui se rendait au culte le dimanche matin, alors que tous ses voisins en profitaient pour rentrer leurs récoltes, surtout lorsque le temps était menaçant. Ne comprenant pas ses choix, tout le monde se moquait de lui. Il était la cible de bien des sarcasmes, surtout lorsque ses récoltes souffraient de cette attitude “bêtement fanatique”. Aux quolibets, notre ami répondait : “Dieu ne règle pas ses comptes à la moisson.”

Un mauvais choix apparent, une prise de risque insensée par fidélité à Dieu est toujours un bon choix, une source de bénédictions. Il est vrai que le chemin de tous ces personnages bibliques a été semé d’embûches, mais il nous a été dit : *“l’Éternel parlait à Moïse face à face, comme un homme parle à son ami”* (Exode 33:11).

Choisir Dieu comporte un risque ?

CHAPITRE 9

Choisir Dieu comporte un risque : “le pas de la Foi”

J’écoutais en roulant en voiture, une émission sur mon autoradio. Dans un avion, survolant la région que je traversais, se trouvait un animateur bien connu d’une radio périphérique. J’ai vite compris qu’il avait un parachute sur le dos et qu’il devait effectuer son premier saut. Ses propos ne traduisaient pas une grande sérénité devant l’épreuve qui l’attendait. Au sol, un autre journaliste expérimenté celui-là, lui prodiguait des conseils. Je me suis tout d’abord demandé pourquoi “l’expérimenté” était au sol et “l’inexpérimenté” dans l’avion devant la trappe ouverte. Enfin, c’était ainsi et je ne pouvais rien y changer. La grande question qui fut posée au dernier moment par notre parachutiste de fortune a été sans doute celle que tout le monde se poserait, ou s’est un jour posée, dans la même situation : “Est-ce que le parachute va s’ouvrir ? Et si le parachute ne s’ouvre pas, que va-t-il se passer ?” La réponse fut d’une logique incontournable : “Si tu veux le savoir, il te faut sauter.” Je vous rassure tout de suite, il a sauté et le parachute s’est ouvert. Pendant de longues minutes, j’ai préféré ma place à la sienne.

Mais revenons au récit de cette veuve de Sarepta face au prophète. Nous qui lisons le récit dans la Bible, nous savons que Dieu va intervenir en faveur de cette femme, en quelque sorte que le parachute va s’ouvrir. Elle, elle ne le sait pas, et vit les événements au fil des minutes. Répétons que la suite du récit, son dénouement heureux ne dépendent que de sa décision. Elle a simplement une demande assortie d’une promesse. Que va-t-elle faire ? Que sait-elle de ce prophète et même de ce Dieu, au nom duquel il lui propose un drôle de marché ?

En définitive, en résumé, qu’est-ce que cet homme, prophète ou pas à ses yeux, lui propose ? Il lui demande de **TOUT** investir, de **TOUT** perdre, de **TOUT** donner. Il lui demande d’exercer à son encontre ce que nous pratiquons dans bien d’autres domaines : avoir **LA FOI.**

Savez-vous ce qu’est la foi ? Ce n’est pas seulement le fait de croire comme certains le pensent trop souvent. Est-ce déclarer avoir pleinement confiance en quelqu’un ? La foi c’est beaucoup plus que croire, c’est agir. On en trouve une belle définition dans l’épître aux Hébreux au chapitre 11 verset 1. C’est une belle définition, même si elle est un peu difficile à comprendre : *“Et qu’est-ce que la foi ? C’est une ferme confiance dans la réalisation de ce qu’on espère, c’est une manière de le posséder d’avance. Croire, c’est être absolument certain de la réalité de ce qu’on ne voit pas”* (Parole vivante, version de M. Alfred KUEN[9]).

Je voudrais encore vous donner un exemple que je puise dans ma vie personnelle.

Sur le champ de foire, un jeune garçon regarde et écoute attentivement tout ce qui se dit et se fait sur une estrade. Les athlètes sont là, serrés dans leur maillot coloré. Un homme en tenue de soirée légèrement râpée, vante les mérites de chacun, lançant un défi à la foule qui de toute évidence paraît très impressionnée : “Monsieur X est une véritable force de la nature, et il peut vous en donner la preuve. Monsieur est capable de tenir entre ses index, pressés l’un contre l’autre, un poids de 10 kg pendant une minute.” Je ne pensais pas que ces événements allaient m’impressionner, au point de m’en souvenir des dizaines d’années plus tard.

Le grand monsieur en noir pose maintenant une question : “Qui croit parmi vous, Mesdames et Messieurs, que mon ami ici présent est capable d’accomplir un tel exploit ? Levez la main.” De nombreuses mains se lèvent dans l’assistance formant une petite forêt au-dessus de ma tête, et la mienne avec les autres. “Et maintenant, Mesdames et Messieurs, je vous remercie pour votre confiance. Vous pouvez baisser vos mains. À présent, j’ai besoin d’une personne qui voudrait bien s’age-

---

[9] Autres traductions de ce verset : la foi est la ferme assurance, la conviction, la garantie, le fondement, la réalisation, la “substantialisation” des choses que l’on espère. Elle est la preuve, la démonstration, la certitude, l’absolue conviction des réalités invisibles, un moyen de les connaître, de percevoir ce qui n’est pas révélé à nos sens (note de M. Alfred KUEN).

nouiller ici devant, sur le tapis, afin que nous puissions faire la démonstration. Monsieur X tiendra le poids que voici sur sa tête pendant une minute comme je l'ai indiqué. Qui accepte le défi ? Vous ne craignez rien, vous croyez qu'il est capable de le faire. Une seule personne suffit, qu'elle s'approche. Celle qui viendra s'agenouiller ici devant sur le tapis recevra une entrée gratuite pour le spectacle." Personne n'eut à cœur de lever le petit doigt ni de faire un seul geste qui serait mal interprété par l'animateur du spectacle. Personne ? Pourtant nous étions nombreux à croire l'exploit possible. Ils étaient encore tous là autour de moi, mais pourquoi reculaient-ils ? "N'hésitez pas, une seule personne suffit." Personne ne semblait disposé à lui permettre de prouver sa force. Finalement une main timide s'est levée, la mienne. N'ayant aucun sou en poche et désirant fortement voir le spectacle, il ne me restait qu'une solution : le tapis. La proposition de l'entrée gratuite avait eu raison de mes dernières hésitations. Une minute c'est parfois long, terriblement long. Enfin libéré, j'ai pu jouir de la représentation, avant d'avoir à répondre au flot de questions de ma mère, qui souhaitait savoir ce qui motivait un tel retard ! Si le poids était tombé, je n'aurais jamais vu le spectacle et je ne serais sans doute pas là, devant mon ordinateur pour vous raconter cet épisode de ma vie.

Avoir la foi, ce n'est pas seulement **CROIRE EN DIEU**, croire que Dieu existe et qu'il peut changer des situations compromises ou accomplir telle ou telle chose en notre faveur. La foi c'est **CROIRE DIEU**, croire ce que Dieu dit et lui obéir. *"Tu crois qu'il y a un seul Dieu, tu fais bien ; les démons le croient aussi, et ils tremblent"* (Jacques 2 : 19).

Au jardin d'Éden, Satan a fait lui aussi des promesses à l'homme et à la femme. Dieu avait dit : *"Tu ne mangeras pas de l'arbre de la connaissance du bien et du mal"*. Satan a dit : *"Dieu a-t-il réellement dit... vous serez comme des dieux"* (Genèse 3 : 5). La connaissance du bien et du mal, a-t-elle fait d'eux, de nous, des dieux ?

La conséquence de cette désobéissance à l'ordre de Dieu a été :
- tous deux sont chassés du jardin d'Éden ;
- la femme enfantera dans la douleur ;
- le sol produira des épines ;
- l'homme devra gagner son pain à la sueur de son front ;
- la communion avec le Créateur est rompue.

Rappelons que Satan est appelé dans l'Évangile de Jean, par Jésus lui-même au chapitre 8 verset 44, *"le père du mensonge"*.

CHAPITRE 10

Il y a vie et vie, mort et mort

Revenons à notre texte de Deutéronome au chapitre 30 verset 19. Nous avons là une proposition qui peut nous paraître difficile à comprendre et à admettre. Lorsque Dieu s'adresse au peuple en lui demandant de **"choisir la vie"**, il est bien évident qu'il ne s'adresse pas à des personnes physiquement mortes ou mourantes : un mort n'a plus la possibilité de choisir. Il s'adresse à des personnes bien vivantes et qui jouissent de toutes leurs facultés y compris celle de choisir entre deux possibilités.

Cet autre texte de la Bible que nous avons déjà cité, pose en définitive le même problème du choix entre la vie et la mort (Genèse 2 : 16). Dieu avait ainsi averti Adam et Ève : *"Tu pourras manger de tous les arbres du jardin, mais tu ne mangeras pas de l'arbre de la connaissance du bien et du mal, car le jour où tu en* *mangeras, **tu mourras**.*" Nous savons que trompés par Satan, ils ne purent résister à la tentation. Il est évident que lorsqu'ils en mangèrent, effectivement leurs yeux s'ouvrirent et ils ne moururent point. Satan, le serpent, avait-il donc raison d'affirmer : "*Vous ne mourrez point, mais Dieu sait que le jour où vous en mangerez, vos yeux s'ouvriront, et que vous serez comme des dieux, connaissant le bien et le mal*" ?

Citons encore ces paroles de Jésus qui se trouvent dans l'évangile de Jean au chapitre 11 verset 25 : "*Je suis la résurrection et la vie. Celui qui croit en moi vivra, quand même il serait mort, et quiconque vit et croit en moi ne mourra jamais.*"

Il est évident qu'il y a vie et vie, mort et mort. La Bible parle à la fois de la vie physique, celle de notre corps de chair [10]. Le professeur F.-X. BICHAT (*Recherches Physiologiques sur la Vie et la Mort*) a écrit : **"La vie est un ensemble de fonctions qui résistent à la mort."** Cette vie est une succession de jours, de semaines, de mois et d'années. Elle débute par la naissance, se prolonge par le vieillissement et se termine par la mort [11]. MONTAIGNE (*Les essais*) a écrit : **"Tous les jours vont à la mort, le dernier y arrive."** C'est cette vie-là qui fait l'objet de toutes nos attentions. C'est pour la sauvegarder que nous dépensons des

[10] Propriété essentielle des êtres organisés qui évoluent de la naissance à la mort, en remplissant des fonctions qui leur sont communes. Existence.

[11] Mort : cessation définitive de la vie sur cette terre, considérée comme un phénomène inhérent à la condition humaine ou animale.

sommes considérables en médicaments. André MALRAUX (*La Condition Humaine*) a dit et écrit : **"Une vie ne vaut rien, mais rien ne vaut la vie."**

Pourtant, cette vie-là n'est pas la plus importante. Elle est bien limitée : *"Les jours de nos années s'élèvent à soixante-dix ans, et pour les plus robustes à quatre-vingts ans et l'orgueil qu'ils en tirent n'est que peine et misère, car il passe vite, et nous nous envolons"* (Psaume 90 : 10). Ce même psaume nous donne ensuite un conseil précieux : *"Enseigne-nous à bien compter nos jours, afin que nous appliquions notre cœur à la sagesse."*

La Bible nous parle de toute évidence d'une autre vie, celle que nous sommes invités comme le peuple à choisir, et d'une autre mort, celle que nous devrions éviter. Lorsque Adam et Ève ont désobéi à Dieu, s'ils ne sont pas morts physiquement, ils ont connu une autre mort, la mort spirituelle, c'est-à-dire la rupture de leur communion avec Dieu leur Créateur. Ils ont été chassés du jardin d'Éden avec toutes les conséquences décrites dans le livre de la Genèse. Cette notion de la vie spirituelle n'est pas si éloignée de ce que nous pouvons comprendre, ni de ce que nous pratiquons.

Un exemple : lorsqu'un enfant, après un profond désaccord avec ses parents, quitte le foyer familial en claquant la porte, il n'est pas exceptionnel d'entendre dire de la part du père ou de la mère : notre fils est mort pour nous, nous n'avons plus de fils. Est-il mort pour autant ?

C'est l'exemple que Jésus donne dans la parabole que nous trouvons dans l'évangile de Luc au chapitre 15 versets 11 à 32. Un fils qui, après avoir réclamé la part de son héritage, part dans un pays éloigné. Après avoir vécu un temps dans la débauche et dilapidé ses biens, il est dans la misère. Cette situation le conduit à évaluer à sa juste valeur ce temps où il était avec les siens. Il désire retourner dans la maison de son père. Il mettra son projet à exécution et, en arrivant, lui demandera pardon de tout le mal qu'il a fait. Lorsque son père le voit venir, il court à sa rencontre et dit : *"Mon fils était mort et il est revenu à la vie."*

Ce que Dieu proposait à son peuple n'était pas autre chose que de revenir à lui, de choisir le bien et la vie. Une proposition très généreuse de la part de Dieu car il ne faudrait pas oublier que c'est l'homme qui s'est détourné de Dieu et non pas Dieu qui s'est désintéressé de l'homme.

CHAPITRE 11

Qui allez-vous croire?

Allez-vous faire la même erreur qu'Adam et Ève ? Jusqu'à aujourd'hui vous ne pensiez peut-être pas avoir le choix de votre vie dans ce domaine spirituel. Vous avez essayé de tout mettre en œuvre pour que votre vie soit réussie. Pourtant les difficultés s'accumulent et l'avenir n'est pas **"tout rose"**.

Un certain nombre de possibilités s'offrent à vous. Vous êtes décidé à les exploiter à fond pour "sauver" votre vie, votre ménage, votre entreprise. Dans le fond c'est tout à fait louable, c'est ainsi qu'il faut réagir, mais se limiter à ce moyen, faire preuve uniquement de bonne volonté, c'est mieux que rien. Mais est-ce suffisant ? Appliquez-vous le véritable remède ?

Un texte de la Bible, la Parole de Dieu, peut surprendre : *"Celui qui sauvera sa vie la perdra, celui qui la perdra à cause de moi la retrouvera...”* (Matthieu 10:39).

Ce texte n’indique pas qu’il ne faut pas essayer de “sauver” sa vie. Il suggère simplement que nous pouvons la perdre en essayant de la sauver par des moyens non appropriés. Si nous regardons autour de nous, nous constatons que le monde nous offre de nombreuses solutions pour “sauver” notre vie, pour acquérir le bonheur. De nombreux “moyens-miracles” nous sont proposés dans les magazines. Cela va du bracelet ou de la médaille porte-bonheur jusqu’au Minitel rose. On fait appel à l’horoscope, aux devins, magiciens, diseuses de bonne aventure, mages spécialisés dans tel ou tel domaine, c’est l’embarras du choix. Les prix eux aussi sont très variés, et plusieurs ont dépensé toute leur fortune sans trouver ce qu’ils cherchaient. Ce qui me frappe c’est que malgré tous les scandales financiers, les agressions sexuelles commises par ces soi-disant fournisseurs de bonheur, il y a encore tant de gens pour leur faire confiance et contribuer à transformer leur commerce en un travail si lucratif. Lorsqu’on parle à ces mêmes personnes de Dieu, de Sa Parole, de la Vérité, elles se détournent pour ne pas entendre. “*En entendant ces paroles, ils étaient furieux dans leurs cœurs, et ils grinçaient des dents contre lui... Ils poussèrent de grands cris, en se bouchant les oreilles, et ils se précipitèrent tous ensemble sur lui, le traînèrent hors de la ville, et le lapidèrent*” (Actes 7:57-58). “*Lorsqu’ils entendirent parler de la résurrection des morts, les uns se moquèrent, et les autres dirent : Nous t’entendrons là-dessus une autre fois*” (Actes 17:32).

Pourquoi de telles réactions ? Pourquoi accueillir favorablement le mensonge et rejeter la Vérité ? La réponse ne serait-elle pas exprimée dans ce verset : *"Eux, ils sont du monde ; c'est pourquoi ils parlent d'après le monde, et le monde les écoute. Nous nous sommes de Dieu ; celui qui connaît Dieu nous écoute ; et celui qui n'est pas de Dieu ne nous écoute pas ; c'est par là que nous connaissons l'esprit de la vérité et l'esprit de l'erreur"* (première épître de Jean 4 : 5-6) ?

Par tous les moyens le monde essaie de garder en son sein ceux qui lui appartiennent. Il est difficile, c'est vrai, de se libérer de toutes ces puissances occultes, mais c'est possible par la puissance du sang de notre Seigneur Jésus-Christ.

CHAPITRE 12

Décision importante

Finalement cette veuve se rangera à l'avis du prophète. Elle écoutera son conseil et prendra une décision, qui sera contraire à ce qu'elle avait envisagé avant son arrivée. Décision contraire, conséquences également contraires à ce qu'elle avait envisagé pour elle et son fils. Le prophète a placé devant cette femme un choix difficile à faire, et une décision difficile à prendre.

Dieu vous place certainement aujourd'hui, en cet instant, devant une décision tout aussi difficile. Cette décision l'est d'autant plus que vous n'envisagiez peut-être même pas son existence, avant le début de la lecture de ce petit livre. Vous découvrez au fil de ces pages qu'il n'y a pas qu'un seul chemin, qu'une seule possibilité pour la vie de chacun de nous, mais que Dieu existe et qu'il faut un jour, en toute liberté, se déterminer par rapport à Lui, à Son existence, à Sa Parole.

Dieu vous place devant un choix. Il vous laisse libre. Qu'allez-vous faire ? Refermer le livre et ne pas en poursuivre la lecture ? Écouter cette voix qui vous dit, en vous-même, de ne pas prêter attention à tous ces sermons religieux qui vont hypothéquer votre avenir, limiter votre liberté individuelle ? Allez-vous prendre la Parole de Dieu au sérieux ? Demander à Dieu de tenir votre destinée dans Sa main ?

"Vois, j'ai mis devant toi la vie et le bien, la mort et le mal... J'ai mis devant toi la vie et la mort, la bénédiction et la malédiction, choisis la vie afin que tu vives" (Deutéronome 30 : 15 et 19-20).

Vous voici devant **le choix de votre vie**. C'est, sans aucun doute le plus important. Il va déterminer votre avenir sur cette terre, mais également votre avenir éternel.

Vous pouvez continuer à vivre comme par le passé, mais vous devez savoir que c'est la mort qui en sera le terme. Non pas seulement la mort physique à laquelle nous sommes tous destinés, mais la mort spirituelle, celle que la Bible appelle *"la seconde mort"* (Apocalypse 20 : 14).

"Car le salaire du péché, c'est la mort" (Romains 6 : 23). Notre péché [12], notre état de révolte ou tout simplement notre mépris de Dieu, de Sa Parole, de Sa volonté, notre indifférence à son égard nous conduisent inévitablement à la mort spirituelle.

[12] Le péché : *"Le péché est la transgression de la loi"* (1 Jean 3 : 4). Le péché est toute désobéissance à la volonté révélée de Dieu, notre grand législateur.

Personne ne peut invoquer au jour du jugement sa propre justice, son honnêteté. Aux yeux de Dieu : *"Il n'y a point de juste, pas même un seul"* (Romains 3 : 10).

Pour aller à la mort, il n'y a rien à faire. Il suffit de continuer à vivre comme par le passé. Je pense souvent dans ce domaine à *La chèvre de Monsieur Seguin* : elle a lutté toute la nuit, et au petit matin, le loup la mangea.

En remontant un peu dans le temps, à la genèse de notre récit de la rencontre de cette femme veuve avec le prophète, nous lisons ceci : *"Alors la parole de l'Éternel lui fut adressée (à Élie) en ces mots : Lève-toi, va à Samarie, qui appartient à Sidon, et demeure là. Voici, j'ai ordonné à une veuve de te nourrir. Il se leva et alla à Sarepta"* (1 Rois 17 : 8).

Dieu a suscité à cette veuve de nourrir le prophète, mais elle ne le sait pas. C'est le moyen que Dieu a choisi, mais ce moyen devait encore passer par l'acceptation du plan de Dieu par cette femme. Dieu désire secourir deux personnes en même temps. On dirait aujourd'hui : **"faire d'une pierre deux coups"**. Si cette femme n'avait pas pris en considération la proposition du prophète qui lui était faite, de la part de Dieu, Dieu aurait sans doute nourri son prophète tout autrement et cette femme et son fils seraient morts.

Dieu envoie un prophète, son prophète, à cette femme pour lui donner l'occasion de vivre en réponse à son obéissance. Il lui propose de vivre en échange d'un petit gâteau. Soulignons encore une fois, mais c'est tellement important, qu'il lui faudra simplement obéir en abandonnant **TOUT** ce qu'elle possède.

Cette histoire ne nous invite-t-elle pas à faire une relation entre la proposition du prophète et celle que Dieu nous fait encore aujourd'hui, au travers de son Fils unique, Jésus-Christ ?

En Jésus-Christ, Dieu a introduit pour les hommes une possibilité de choix. Il est venu nous proposer la vie alors que nous étions voués à la mort. C'est à Jésus-Christ que nous devons ce privilège de pouvoir choisir. *"Dieu prouve son amour envers nous, en ce que lorsque nous étions encore des pécheurs, Christ est mort pour nous"* (Romains 5:8).

On dit généralement, et avec raison, que le salut est gratuit : *"c'est le don gratuit de Dieu"* (Romains 6:23). Il n'a pas été gratuit pour tout le monde. Il est gratuit pour chacun de nous aujourd'hui car Christ a payé par son sang, sur la Croix, le prix de notre péché. On déclare que nous n'avons rien à faire si ce n'est de croire de tout notre cœur, sincèrement qu'il est mort pour nous, pour moi et de l'accepter comme Sauveur personnel. C'est facile à dire, très facile, mais beaucoup plus difficile à faire. Vous connaissez le récit de ce jeune homme riche qui vient trouver Jésus avec cette question pertinente : *"Que dois-je faire pour hériter la vie éternelle ?"* (Luc 18:21). La réponse de Jésus est claire et précise : *"Vends tout ce que tu as, distribue-le aux pauvres, et tu auras un trésor dans les cieux. Puis, viens, et suis-moi."* Quelle est sa réaction ? *"Il devint tout triste, car il était très riche"*. L'évangile de Matthieu au chapitre 19 verset 22 précise : *"Après avoir entendu ces paroles, le jeune homme s'en alla tout triste ; car il avait de grands biens."*

Le salut est gratuit, mais il faut faire un choix. La femme veuve a dû abandonner son bien. Elle a dû confectionner le gâteau et l'offrir au prophète. Elle a dû compter sur la promesse du prophète, il a fallu qu'elle lui fasse confiance, une confiance totale car une fois que le gâteau serait dans l'estomac du prophète il serait impossible de revenir en arrière. Son obéissance aurait pu n'avoir pour seule conséquence que de précipiter sa mort et celle de son fils.

Au moment de faire un choix, nous savons qu'une lutte s'engage dans notre cœur, notre esprit. Je voudrais bien mais qui me prouve que… ?

Au terme de cette lutte, qui sera gagnant ? Qui allez-vous écouter ? En qui allez-vous placer votre confiance ?

Paul et Barnabas parlaient au Proconsul, mais Elymas le magicien faisait opposition cherchant à détourner de la foi le Proconsul. Malgré cette opposition ouverte, *"le Proconsul crut"* (Actes 13 : 5-12).

N'est-ce pas votre situation aujourd'hui ? Est-ce que Jésus ne frappe pas à la porte de votre vie, de votre cœur ? *"Voici, je me tiens à la porte et je frappe. Si quel-*

qu'un entend ma voix et ouvre la porte, j'entrerai chez lui, je souperai avec lui et lui avec moi" (Apocalypse 3:20).

CHAPITRE 13

Ouvrir la porte ?

Comment accepter cette proposition de Dieu ?

"Choisis..." **Le Christ appelait chaque homme, le laissant totalement libre de son choix, l'avertissant simplement des conséquences présentes et éternelles de celui-ci. Sa volonté de respecter jusqu'au tréfonds de l'être, la liberté de chacun, était telle, que lorsque plusieurs l'ont abandonné, il s'est tourné vers ceux qui restaient, leur rendant leur totale liberté :** *"Vous ne voulez pas partir, vous aussi, comme les autres ?"* (Jean 6:67).

Dans la parole qu'il leur adressait, il n'y avait pas la moindre pression psychologique, ni affective. Il ne leur parlait pas de – rester –, mais de – partir –, s'ils le voulaient. Ainsi agit l'Éternel... Il nous a créés libres de nos choix jusqu'aux ultimes conséquences, nous voulant informés, mais libres ! Bien évidemment cette liberté s'exerce dans les deux

sens : libres aussi de venir à lui, et de le suivre sur le chemin qu'il définit comme difficile... [13]

Comment ?

Il est absolument indispensable, dans un premier temps, de reconnaître que jusqu'à ce jour votre vie s'est déroulée sans Lui. Reconnaître que votre indifférence vis-à-vis de Lui était déjà un péché, sans parler pour certains de leur mépris pour Sa personne et Sa Parole.

La Bible affirme que l'homme s'est détourné de Dieu par le péché, son péché, car depuis la chute (Genèse 3:6), l'acte de désobéissance d'Adam et Ève à la volonté de Dieu, le péché est entré dans le monde et s'est étendu à tous les hommes, de tous les pays et de tous les âges. *"C'est pourquoi, comme par un seul homme le péché est entré dans le monde, et par le péché la mort, et qu'ainsi* ***la mort s'est étendue sur tous les hommes, parce que tous ont péché****..."* (Romains 5:12).

– **Croyez-vous** que la Bible est la Parole de Dieu ?
– **Croyez-vous** qu'elle est **"La Vérité"** ?
– **Croyez-vous** en Dieu ?
– **Croyez-vous** ce que Dieu dit ?
– **Croyez-vous** Dieu ?

Si vous **"Le"** croyez, alors vous pouvez accueillir avec joie ce qu'Il déclare dans cette même épître aux

[13] Yvon CHARLES, revue *Expériences*, n° 105, "Une évolution préoccupante — Religions, sectes, laïcité".

Romains, quelques versets plus loin : *"Ainsi donc, comme par une seule offense la condamnation a atteint tous les hommes, de même par un seul acte de justice la justification qui donne la vie s'étend à tous les hommes. Car, comme par la désobéissance d'un seul homme beaucoup ont été rendus pécheurs, de même par l'obéissance d'un seul* ***beaucoup seront rendus justes****"* (Romains 5:18-19).

Comme cette veuve a fait confiance à Dieu par le moyen du prophète Élie, vous devez aujourd'hui faire confiance à la Parole de Dieu, celle-là même que vous pouvez lire dans ce livret ou directement dans la Bible, qui est Sa Parole.

Tant que cette femme n'a pas fait confiance à Dieu en donnant ce petit gâteau au prophète, RIEN ne s'est passé. Dès qu'elle a engagé son avenir en donnant le gâteau, le pot et le vase se remplirent régulièrement selon ses besoins, ceux de son fils et en plus ceux du prophète.

Que vous reste-t-il à faire ?

1. Reconnaître humblement votre péché : *"Car tous ont péché et sont privés de la gloire de Dieu"* (Romains 3:23).
2. Le confesser à Dieu et Lui demander pardon. Jésus a dit : *"Je suis le chemin, la vérité et la vie. Nul ne vient au Père que par moi"* (Jean 14:6).
3. Reconnaître que Jésus-Christ est mort sur la croix à votre place, qu'Il a payé le prix que méritait

votre péché : *"Il n'y a de salut en aucun autre, car il n'y a sous le ciel aucun autre nom qui ait été donné parmi les hommes par lequel nous devions être sauvés"* (Actes 4 : 12).

4. Abandonner votre vie passée au pied de la croix de Christ.
5. Recevoir avec reconnaissance ce pardon qu'Il vous offre.

Je dois encore vous dire en terminant, ce que Dieu réserve à ceux qui par un refus de l'appel qu'Il leur adresse, méprisent Son Amour. Ce sera l'enfer, la perdition éternelle.

Qu'allez-vous faire de ce message ?

Aujourd'hui vous avez le choix. Il n'en sera pas toujours ainsi. La Bible déclare 3 fois dans Hébreux aux chapitres 3 versets 7 et 15 ; 4 verset 7 : *"Aujourd'hui, si vous entendez sa voix, n'endurcissez pas votre cœur."*

Je vous invite, dès à présent, à remettre votre vie entre les mains de Dieu, à Lui faire confiance. Sans ce geste de confiance vous resterez en dehors de Sa grande famille.

BIBLIOGRAPHIE

La Bible, différentes versions.

Alfred KUEN, *Parole vivante,* 1976.

Marcel PROUST, *À la recherche du temps perdu*, Gallimard.

Blaise PASCAL, *Pensées*, “Le petit philosophe de poche”, Brunschweig, 1982.

Maurice SACHS, *Derrière les barreaux*, Gallimard.

MOLIÈRE, *Le Tartuffe*, scène III, acte II.

Herbert VANDER LUGT, *Notre pain quotidien*, 27 novembre 1996.

LA FONTAINE, *Fables*.

Professeur F.-X. BICHAT, *Recherches philosophiques sur la vie et la mort*, “Le petit philosophe de poche”.

MONTAIGNE, *Essais.*

André MALRAUX, *La condition humaine*, Gallimard.

Yvon CHARLES, revue *Expériences,* n° 105, “Une évolution préoccupante — Religions, sectes, laïcité”.

Nouveau Dictionnaire Encyclopédique Larousse-Sélection du Reader’s Digest, 1988.

Nouveau Dictionnaire Biblique, Éditions Emmaüs, 1992.

TABLE DES MATIÈRES